ENTRETIEN D'UN PHILOSOPHE CHRETIEN, ET D'UN PHILOSOPHE CHINOIS,

Sur l'Exiſtence & la Nature de Dieu.

Par l'Auteur de la Recherche de la Vérité.

A PARIS,

Chez MICHEL DAVID, Quay des Auguſtins, à la Providence.

M. DCC. VIII.

Avec Approbation & Privilege du Roy.

ENTRETIEN D'UN PHILOSOPHE CHRETIEN ET D'UN PHILOSOPHE CHINOIS.

Sur l'Existence & la Nature de Dieu.

Par l'Auteur de la Recherche de la Verité.

A PARIS,

Chez MICHEL DAVID, Quay des Augustins, à la Providence.

M. DCC. VIII.

Avec Approbation & Privilege du Roy.

ENTRETIEN D'UN PHILOSOPHE CHRETIEN, ET D'UN PHILOSOPHE CHINOIS,

Sur l'Existence & la Nature de Dieu.

Le Chinois. UEL est ce Seigneur du ciel, que vous venez de si loin nous annoncer ? Nous ne le connoissons point, & nous ne voulons croire que ce que l'évidence nous oblige à croire. Voilà pourquoi nous ne recevons que la matiere & *le Ly*, cette souveraine Verité,

Sageſſe, Juſtice, qui ſubſiſte éternellement dans la matiere, qui la forme & la range dans ce bel ordre que nous voyons, & qui éclaire auſſi cette portion de matiere épurée & organiſée, dont nous ſommes compoſez. Car c'eſt neceſſairement dans cette ſouveraine Verité, à laquelle tous les hommes ſont unis, les uns plus les autres moins, qu'ils voient les veritez & les loix éternelles, qui ſont le lien de toutes les ſocietez.

Le Chrétien. Le Dieu, que nous vous annonçons eſt celui-là même dont l'idée eſt gravée en vous, & dans tous les hommes. Mais faute d'y faire aſſez d'attention, ils ne la reconoiſſent point telle qu'elle eſt, & ils la défigurent étrangement. Voilà pourquoi *Dieu*, pour nous renouveller ſon idée, nous a declaré par ſon Prophete, qu'il eſt *celui qui eſt*; c'eſt-à-dire, l'Etre qui renferme dans ſon eſſence tout ce qu'il y a de realité ou de perfection dans tous les êtres, l'Etre infini en tout ſens, en un mot l'Etre.

Lorſque nous nommons *Seigneur du ciel* le Dieu, que nous adorons, vous

vous imaginez que nous le concevons ſeulement comme un grand & puiſſant Empereur. Vôtre *Ly*, vôtre ſouveraine juſtice, approche infiniment plus de l'idée de nôtre Dieu, que celle de ce puiſſant Empereur. Détrompez vous ſur nôtre doctrine. Je vous le repete, nôtre Dieu c'eſt *celui qui eſt*, c'eſt l'Etre infiniment parfait, c'eſt l'Etre. Ce Roi du ciel que vous regardez comme nôtre Dieu, ne feroit qu'un tel être, qu'un être particulier, qu'un être fini. Nôtre Dieu c'eſt l'Etre ſans aucune reſtriction ou limitation. Il renferme en lui même d'une maniere incompréhenſible à tout eſprit fini, toutes les perfections, tout ce qu'il y a de réalité véritable dans tous les êtres & créez & poſſibles. Il renferme en lui ce qu'il y a même de realité ou de perfection dans la matiere, le dernier & le plus imparfait des êtres; mais ſans ſon imperfection, ſa limitation, ſon neant; car il n'y a point de néant dans l'Etre, de limitation dans l'infini en tout genre. Ma main n'eſt pas ma tête, ma chaiſe, ma chambre, ni mon eſprit ni le vôtre.

Elle renferme pour ainsi dire, une infinité de néants, les néants de tout ce qu'elle n'est point. Mais dans l'Etre infiniment parfait il n'y a point de néant. Nôtre Dieu est tout ce qu'il est par-tout où il est, & il est par-tout. Ne vous efforcez pas de comprendre comment cela est ainsi. Car vous êtes fini, & les attributs de l'infini ne seroient point ses attributs, si un esprit fini les pouvoit comprendre. On peut démontrer que cela est ainsi ; mais on ne peut pas expliquer comment cela est : on peut seulement prouver que cela doit être incompréhensible & inexplicable à tout esprit fini.

Le Chinois. Je conviens que l'idée que vous me donnez de vôtre Dieu, est la plus excellente de toutes, car il n'y a rien de plus grand que l'infini en toutes manieres. Mais nous nions que cet infini existe. C'est une fiction, une imagination sans réalité.

Le Chrétien. Vous soûtenez & avec raison, qu'il y a une souveraine regle & une souveraine vérité, qui éclaire tous les hommes, & qui met ce bel ordre dans l'univers. Si l'on vous disoit que cette souveraine vérité n'est qu'une fiction de vôtre esprit, comment en prouveriez-vous l'existence ? Certainement la preuve de son existence n'est qu'une suite de celle de l'Etre infiniment parfait. Vous le verrez bien-tôt. Voici cependant une démonstration fort simple & fort naturelle de l'existence de Dieu, & la plus simple de toutes celles que je pourrois vous donner.

Penser à rien & ne point penser, appercevoir rien & ne point appercevoir, c'est la même chose. Donc tout ce que l'esprit apperçoit immédiatement & directement, est quelque chose ou existe : je dis immédiatement & directement, prenez-y garde. Car je sçai bien, par exemple, que quand on dort, & même en bien des rencontres quand on veille, on pense à des choses qui ne sont point. Mais ce ne sont point alors ces choses-là qui sont l'objet immédiat & direct de nôtre esprit. L'objet immédiat de nôtre esprit, même dans nos songes, est tres-réel. Car si cet objet n'étoit rien, il n'y auroit point de différence dans nos songes; car il n'y a point de différence entre des riens. Donc encore un coup, tout ce que l'esprit apperçoit immédiatement, est réellement. Or je pense à l'infini, j'apperçois immédiatement & directement l'infini. Donc il est. Car s'il n'étoit point, en l'appercevant, je n'appercevrois rien, donc je n'appercevrois point. Ainsi en même tems j'appercevrois & je n'appercevrois point, ce qui est une contradiction manifeste.

Le Chinois. J'avoüe que si l'objet immédiat de vôtre esprit étoit l'infini, quand vous y pensez il faudroit nécessairement qu'il existât: mais alors l'objet immédiat de vôtre esprit n'est que vôtre esprit même. Je veux dire, que vous n'appercevez l'infini, que parce que cette portion de matiere organisée & subtilisée, que vous appellez esprit, vous le représente: ainsi il ne s'ensuit point que l'infini existe absolument & hors de nous, de ce que nous y pensons.

Le Chrétien. On pourroit apparamment vous faire la même réponse à l'égard du *Ly* ou de la souveraine vérité que vous recevez pour le premier de vos principes : mais ce ne seroit vous répondre qu'indirectement. Prenez donc garde je vous prie. Cette portion de matiere organisée & subtilisée que vous appellez esprit, est réellement finie. On ne peut donc, en la voyant immédiatement, voir l'infini. Certainement où il n'y a que deux realitez, on ne peut en appercevoir quatre. Car il y auroit deux réalitez que l'on appercevroit, & qui néanmoins ne seroient point. Or ce qui n'est point, ne peut être apperçû. Appercevoir rien & ne point appercevoir, c'est la même chose. Il est donc évident que dans une portion de matiere finie ou dans un esprit fini, on ne peut y trouver assez de realité pour y voir l'infini. Faites attention à ceci. L'idée que vous avez seulement de l'espace n'est-elle pas infinie ? Celle que vous avez des cieux est bien vaste : mais ne sentez-vous pas en vous-même, que l'idée de l'espace la surpasse infiniment ? Ne vous répond-elle pas, cette idée, que quelque mouvement que vous donniez à vôtre esprit pour la parcourir, vous ne l'épuiserez jamais, parce qu'en effet elle n'a point de bornes. Mais si vôtre esprit, vôtre propre substance ne renferme point assez de réalité pour y découvrir l'infini en étenduë, un tel infini, un infini particulier : comment y pourriez-vous voir l'infini en tout genre d'être, l'Etre infiniment parfait, en un mot l'Etre. Je pourrois vous demander comment la matiere subtilisée tant qu'il vous plaira, peut représenter ce qu'elle n'est pas ? comment des organes particuliers & sujets au changement, peuvent ou voir, ou se représenter des véritez & des loix éternelles, immuables, & communes à tous les hommes ; car vos opinions me paroissent des paradoxes insoûtenables ?

Le Chinois. Vôtre raisonnement paroît juste, mais il n'est pas solide, car il est contraire à l'expérience. Ne sçavez vous pas qu'un petit tableau peut nous représenter de grandes campagnes, un grand & magnifique Palais. Il n'est donc pas nécessaire que ce qui représente, contienne en soi toute la réalité qu'il représente.

Le Chrétien. Un petit tableau peut

nous repréſenter de grandes campagnes : un ſimple diſcours, une deſcription d'un Palais peut nous le repréſenter. Mais ce n'eſt ni le tableau ni le diſcours qui eſt l'objet immédiat de l'eſprit, qui voit des Palais ou des campagnes. Les Palais mêmes materiels, que nous regardons, ne ſont point l'objet immédiat de l'eſprit qui les voit : c'eſt l'idée des Palais : c'eſt ce qui touche ou qui affecte actuellement l'eſprit, qui eſt ſon objet immédiat. Il eſt certain qu'un tableau ne repréſente des campagnes, que parce qu'il reflêchit la lumiére, qui entrant dans nos yeux, & ébranlant le nerf optique, & par lui le cerveau, de même que le feroient des campagnes, en excite en conſéquence des loix naturelles de l'union de l'ame & du corps, les idées qui ſeules repréſentent véritablement les objets, qui ſeules ſont l'objet immédiat de l'eſprit. Car vous devez ſçavoir qu'on ne voit point les objets materiels en eux-mêmes. On ne les voit point immédiatemenɛ & directement, puiſqu'on en voit ſouvent qui ne ſont point. C'eſt une vérité qu'on peut démontrer en cent maniéres.

Le Chinois. Je le veux. Mais on vous dira que c'est dans *le Ly* que nous voyons toutes choses. Car c'est lui qui est nôtre lumiere. C'est la souveraine vérité, aussi bien que l'ordre & la regle. C'est en lui que je vois les cieux, & que j'apperçois ces espaces infinis qui sont au-dessus des cieux que je vois.

Le Chrétien. Comment dans *le Ly*? Reprenez le principe. Appercevoir le néant & ne point appercevoir, c'est la même chose. Donc on ne peut appercevoir cent réalitez où il n'y en a que dix : car il y en auroit quatre-vingt dix qui n'étant point ne pourroient être apperçûës. Donc on ne peut appercevoir dans *le Ly* toutes choses, s'il ne contient éminemment tous les êtres ; si *le Ly* n'est l'Etre infiniment parfait, qui est le Dieu que nous adorons. C'est en lui que nous pouvons voir le ciel & ces espaces infinis que nous sentons bien ne pouvoir épuiser, parce qu'en effet il en renferme en lui la réalité. Mais rien de fini ne contenant l'infini ; de cela seul que nous appercevons l'infini, il faut qu'il soit. Tout cela est fondé sur ce principe si évident & si simple, que le néant ne peut être directement apperçû, & qu'appercevoir rien & ne point appercevoir, c'est la même chose.

Le Chinois. Je vous avoüe de bonne foi que je n'ai rien à répliquer à vôtre démonstration de l'existence de l'Etre infini. Cependant je n'en suis point convaincu. Il me semble toûjours que quand je pense à l'infini, je ne pense à rien.

Le Chrétien. Mais comment à rien? Quand vous pensez à un pied d'étenduë ou de matiere, vous pensez à quelque chose. Quand vous en appercevez cent ou mille, assurément ce que vous appercevez a cent ou mille fois plus de réalité. Augmentez encore jusqu'à l'infini, & vous concevrez sans peine que qui pense à l'infini, est infiniment éloigné de penser à rien, puisque ce à quoi vous penseriez est plus grand que tout ce à quoi vous aviez pensé. Mais voici ce que c'est. La perception, dont l'infini vous touche, est si legére que vous comptez pour rien ce qui vous touche si legérement. Je m'explique.

Lors qu'une épine vous pique, l'idée de l'épine produit dans vôtre ame une perception sensible, qu'on appelle douleur. Lorsque vous regardez l'étenduë de vôtre chambre, son idée produit dans vôtre ame une perception moins vive, qu'on appelle couleur. Mais lorsque vous regardez dans les airs, la perception que ces espaces, ou plutôt que l'idée de ces espaces produit en vous, n'a plus, ou presque plus de vivacité. Enfin quand vous fermez les yeux, l'idée des espaces immenses que vous concevez alors, ne vous touche plus que d'une perception purement intellectuelle. Mais, je vous prie, faut-il juger de la réalité des idées par la vivacité des perceptions qu'elles produisent en vous? Si cela est, il faudra croire qu'il y a plus de réalité dans la pointe d'une épine qui nous pique, dans un charbon qui nous brûle, ou dans leurs idées, que dans l'univers entier, ou dans son idée. Il faut assurément juger de la réalité des idées, par ce qu'on voit qu'elles renferment. Les enfans croyent que l'air n'est rien, parce que la perception qu'ils en ont n'est pas sensible. Mais les Philosophes sçavent bien qu'il y a autant de matiere dans un pied cube d'air, que dans un pied cube de plomb. Il semble au contraire que les idées doivent nous toucher avec d'autant moins de force qu'elles sont plus grandes. Et si le ciel nous paroît si petit en comparaison de ce qu'il est, c'est peut-être que la capacité que nous avons d'appercevoir est trop petite pour avoir une perception vive & sensible de toute sa grandeur. Car il est certain que plus nos perceptions sont vives, plus elles partagent nôtre esprit, & remplissent davantage la capacité que nous avons d'appercevoir ou de penser : capacité qui certainement a des bornes fort étroites. L'idée de l'infini en étenduë, renferme donc plus de réalité que celle des cieux ; & l'idée de l'infini en tous genres d'êtres, celle qui répond à ce mot *l'Etre*, l'Etre infiniment parfait en contient encore infiniment davantage, quoique la perception dont cette idée nous touche soit la plus legére de toutes ; d'autant plus legére qu'elle est plus vaste, & par conséquent infiniment legére, parce qu'elle est infinie.

Afin que vous compreniez mieux tout ceci, la réalité & l'efficacité des idées ; il est bon que vous fassiez beaucoup de reflexion sur deux veritez. La premiere, qu'on ne voit point les objets en eux-mêmes, & qu'on ne sent point même son propre corps en lui même, mais par son idée. La seconde, qu'une même idée peut nous toucher de perceptions toutes différentes.

La preuve qu'on ne voit point les objets en eux-mêmes, est évidente : car on en voit souvent qui n'existent point au dehors, comme lors qu'on dort ou que le cerveau est trop échauffé par quelque maladie. Ce qu'on voit alors n'est certainement pas l'objet, puisque l'objet n'est point, & que le néant n'est pas visible : car voir rien & ne point voir, c'est la même chose. C'est donc par l'action des idées sur nôtre esprit que nous voyons les objets. C'est aussi par l'action des idées que nous sentons nôtre propre corps. Car il y a mille experiences que des gens à qui on a coupé le bras, sentent encore long temps aprés que la main leur fait mal. Certainement la main qui les touche alors, & qui les affecte d'un ſentiment de douleur, n'eſt pas celle qu'on leur a coupée. Ce ne peut donc être que l'idée de la main, en conſéquence des ébranlemens du cerveau, ſemblables à ceux que l'on a, quand on nous bleſſe la main. C'eſt qu'en effet la matiere dont nôtre corps eſt composé, ne peut agir ſur nôtre eſprit, il n'y a que celui qui lui eſt ſuperieur, & qui l'a creé, qui le puiſſe par l'idée du corps, c'eſt-à-dire par ſon eſſence même, entant qu'elle eſt repréſentative de l'étenduë; ce que je vous expliquerai dans ſon tems.

Il eſt encore certain qu'une même idée peut toucher nôtre ame de perceptions toutes differentes. Car ſi vôtre main étoit dans de l'eau trop chaude, & qu'en même tems vous y euſſiez la goute, & de plus que vous la regardaſſiez, l'idée de la même main vous toucheroit de trois ſentimens différens, douleur, chaleur, couleur. Ainſi il ne faut pas juger que l'idée que l'on a, quand on penſe à l'étenduë les yeux fermez, soit différente de celle qu'on a, quand on les ouvre au milieu d'une campagne : ce n'est que la même idée de l'étenduë qui nous touche de différentes perceptions. Quand vos yeux sont fermez, vous n'avez qu'une perception tres foible ou de pure intellection, & toûjours la même des diverses parties idéales de l'étenduë. Mais quand ils sont ouverts, vous avez diverses perceptions sensibles, qui sont diverses couleurs, lesquelles vous portent à juger de l'existence & de la varieté des corps, parce que l'operation de Dieu en vous n'étant pas sensible, vous attribuez aux objets que vous n'appercevez point en eux-mêmes, toute la realité que leurs idées vous representent. Or tout cela se fait en conséquence des loix générales de l'union de l'ame & du corps. Mais il faudroit faire une trop longue digression pour vous expliquer le détail de tout ceci.

Revenons à nôtre sujet, que ce que je viens de dire peut d'autant plus éclaircir, que vous y ferez plus de réflexion. Croyez-vous encore que penser à l'infini, c'est ne penser à rien, c'est c'est ne rien appercevoir?

Le Chinois. Je suis bien convaincu que quand je pense à l'infini, je suis tres-éloigné de penser à rien. Mais alors je ne pense point à un tel être, à un être particulier & déterminé. Or le Dieu que vous adorez n'est-ce pas un tel être, un être particulier?

Le Chrétien. Le Dieu que nous adorons n'est point un tel être en ce sens, que son essence soit bornée : il est bien plutôt tout être. Mais il est un tel Etre en ce sens, qu'il est le seul Etre qui renferme dans la simplicité de son essence, tout ce qu'il y a de réalité ou de perfection dans tous les êtres, qui ne sont que des participations, (je ne dis pas des parties) infiniment limitées, que des imitations infiniment imparfaites de son essence. Car c'est une proprieté de l'Etre infini d'être un, & en un sens toutes choses : c'est-à-dire parfaitement simple, sans aucune composition de parties, de réalitez, de perfections, & imitable ou imparfaitement participable en une infinité de manieres par differens êtres.

C'est ce que tout esprit fini ne sçauroit clairement comprendre : mais c'est ce qu'un esprit, quoique fini, peut clairement déduire de l'idée de l'Etre infiniment parfait. Est-ce que vous-même vous croïez que vôtre *Ly*, vôtre souveraine sagesse, regle, vérité, soit un composé de plusieurs réalitez différentes, de toutes les idées différentes qu'elle vous découvre : car j'ai oüi dire que la plûpart de vos Docteurs croyent que c'est dans *le Ly* que vous voyez tout ce que vous voyez.

Le Chinois. Nous trouvons dans *le Ly* bien des choses que nous ne pouvons comprendre, entr'autre l'alliance de sa simplicité avec sa multiplicité. Mais nous sommes certains qu'il y a une sagesse, & une regle souveraine qui nous éclaire, & qui regle tout. Vous mettez apparemment en vôtre Dieu cette sagesse, & nous croyons qu'elle subsiste dans la matiere : elle existe certainement la matiere : mais jusqu'à present nous n'avons point été convaincus de l'existence de vôtre Dieu. Il est vrai que la preuve que vous venez de me donner de son existence est fort simple,

& telle que je ne ſçai maintenant qu'y répliquer : mais elle eſt ſi abſtraite qu'elle ne me convainc pas tout-à-fait. N'en auriez vous point de plus ſenſible ?

Le Chrétien. Je vous en donnerai tant qu'il vous plaira. Car il n'y a rien de viſible dans le monde que Dieu a creé, d'où on ne puiſſe s'élever à la connoiſſance du Créateur, pourvû qu'on raiſonne juſte. Et certainement je vous convaincrai de ſon exiſtence, pourvû que vous obſerviez cette condition, prenez-y garde, de me ſuivre, & de ne me rien répliquer que vous ne le conceviez diſtinctement.

Lorſque vous ouvrez les yeux au milieu d'une campagne, dans l'inſtant même que vous les ouvrez, vous découvrez un tres-grand nombre d'objets, chacun ſelon ſa grandeur, ſa figure, ſon mouvement ou ſon repos, ſa proximité ou ſon éloignement, & vous découvrez tous ces objets par des perceptions de couleurs toutes differentes. Cherchons quelle eſt la cauſe de ces perceptions ſi promptes que nous avons de tant d'objets. Cette cauſe ne peut être, ou que ces mêmes objets, & les organes de nôtre corps qui en reçoivent l'impression, ou nôtre ame, si vous la distinguez maintenant de ces organes, ou *le Ly*, ou le Dieu que nous adorons, & que nous croyons agir sans cesse en nous à l'occasion des impressions des objets sur nôtre corps.

1°. Je crois que vous convenez que les objets ne font que reflêchir la lumiere vers nos yeux. 2°. Comme je suppose que vous sçavez comment sont faits les yeux, je crois que vous convenez encore, qu'ils ne font que rassembler les rayons qui sont reflêchis de chaque point des objets, en autant de points sur le nerf optique, où se trouve le foyer des humeurs transparentes de l'œil. Or il est évident que cette réunion des rayons ne fait qu'ébranler les fibres de ce nerf, & par lui les parties du cerveau où ces nerfs aboutissent, & aussi les esprits animaux où ces petits corps, qui peuvent être entre ces fibres. Or jusques ici il n'y a point de sentiment, ni aucune perception d'objets.

Le Chinois. C'est ce que nos Docteurs vous nieront. Car ce que nous appellons esprit ou ame, n'est selon eux, que de la matiere organisée & subtilisée. Les ébranlemens des fibres du cerveau, joints avec les mouvemens de ces petits corps, ou de ces esprits animaux, sont la même chose que nos perceptions, nos jugemens, nos raisonnemens, en un mot sont la même chose que nos diverses pensées.

Le Chrétien. Me voila arrêté tout court : mais c'est que vous manquez à la condition prescrite. Vous me répliquez ce que vous ne concevez point clairement : car je conçois clairement tout le contraire. Je conçois clairement par l'idée de l'étenduë ou de la matiere, qu'elle est capable de figures & de mouvemens, de raports de distance ou permanens ou successifs, & rien davantage ; & je ne dis que ce que je conçois clairement. Je trouve même qu'il y a moins de rapport entre le mouvement des petits corps, l'ébranlement des fibres de nôtre cerveau, & nos pensées, qu'entre le quarré & le cercle, que personne ne prit jamais l'un pour l'autre. Car le quarré & le cercle conviennent du moins en ce qu'ils sont l'un & l'autre des modifications d'une même substance : mais les divers ébranlemens du cerveau & des esprits animaux, qui sont des modifications de la matiere, ne conviennent en rien avec les pensées de l'esprit, qui sont certainement des modifications d'une autre substance.

J'appelle une substance ce que nous pouvons appercevoir seul, sans penser à autre chose, & modification de substance ou maniere d'être ce que nous ne pouvons pas appercevoir seul. Ainsi je dis que la matiere ou l'étenduë créée est une substance, parce que je puis penser à de l'étenduë, sans penser à autre chose; & je dis que les figures, que la rondeur par exemple, n'est qu'une modification de substance; parce que nous ne pouvons pas penser à la rondeur sans penser à l'étenduë, car la rondeur n'est que l'étenduë même de telle façon. Or comme nous pouvons avoir de la joye, de la tristesse, du plaisir, de la douleur, sans penser à l'étenduë; comme nous pouvons appercevoir, juger, raisonner, craindre, esperer, hair, aimer, ſans penſer à l'étenduë, je veux dire ſans appercevoir de l'étenduë, non dans les objets de nos perceptions, objets qui peuvent avoir de l'étenduë, mais dans les perceptions mêmes de ces objets.

Il eſt clair que nos perceptions ne ſont pas des modifications de nôtre cerveau, qui n'eſt que de l'étenduë diverſement configurée, mais uniquement de nôtre eſprit, ſubſtance ſeule capable de penſer. Il eſt vrai néanmoins que nous penſons preſque toûjours en conſéquence de ce qui ſe paſſe dans nôtre cerveau, d'où on peut conclure, que nôtre eſprit lui eſt uni, mais nullement que nôtre eſprit & nôtre cerveau ne ſoient qu'une même & unique ſubſtance. De bonne foy concevez vous clairement, que les divers arangemens & mouvemens des corps petits ou grands ſoient diverſes penſées ou divers ſentimens ? ſi vous le concevez clairement, dites-moi en quel arangement de fibres du cerveau conſiſte la joye ou la triſteſſe, ou tel autre ſentiment qu'il vous plaira ?

Le Chinois. J'avoüe que je ne le

conçois pas clairement. Mais il faut bien que cela soit ainsi, & que nos perceptions ne soient que des modifications de la matiere. Car par exemple, dés qu'une épine nous pique le doigt, nous sentons de la douleur, & nous la sentons dans le doigt piqué ; marque certaine que la douleur n'est que la piqûre, & que la douleur n'est que dans le doigt.

Le Chrétien. Je n'en conviens pas. Comme l'épine est pointuë, je conviens qu'elle fait un trou dans le doigt ; car je le conçois clairement, puisqu'une étenduë est impénétrable à toute autre étenduë. Il y a contradiction que deux ne soient qu'un : ainsi il n'est pas possible que deux pieds cubes d'étenduë n'en fassent qu'un. L'épine qui pique le doigt y fait donc nécessairement un trou. Mais que le trou du doigt soit la même chose que la douleur que l'on souffre, & que cette douleur soit dans le doigt piqué, ou une modification du doigt, je n'en conviens pas. Car on doit juger que deux choses sont différentes, quand on en a des idées différentes, quand on peut penser à l'une sans penser à l'autre.

l'autre. Un trou dans un doigt n'est donc pas la même chose que la douleur. Et la douleur n'est pas dans le doigt, ou une modification du doigt. Car l'expérience apprend que le doigt fait mal à ceux-mêmes à qui on a coupé le bras, & qui n'ont plus de doigt. Ce ne peut donc être, comme je vous l'ai déja dit, que l'idée du doigt qui modifie d'un sentiment de douleur nôtre ame, c'est-à-dire, cette substance de l'homme capable de sentir. Or cela arrive en conséquence des loix générales de l'union de l'ame & du corps que le Créateur a établies, afin que nous retirions la main, & que nous conservions le corps qu'il nous a donné. Je ne m'explique pas davantage; car la condition que j'ai supposée, est que vous ne devez me repliquer que ce que vous concevez clairement. Je vous prie de vous en souvenir.

Le Chinois. Hé bien. Que la matiere soit ou ne soit pas capable de penser, on vous répondra que ce qui est en nous capable de penser, que nôtre ame sera la vraie cause de toutes ces perceptions différentes que nous avons des objets, lorsque nous ouvrons les yeux au milieu d'une campagne. On vous dira que de la connoissance que l'ame a des diverses projections ou images que les objets tracent sur le nerf optique, elle en forme cette varieté de perceptions & de sentimens. Cela me paroît assez vrai-semblable.

Le Chrétien. Cela peut paroître vrai-semblable, mais certainement cela n'est pas vrai. Car 1° il n'est pas vrai que l'ame connoisse qu'il se fait telles & telles projections sur le nerf optique : elle ne sçait pas même comment l'œil est fait, & s'il est tapissé du nerf optique. 2°. Supposé qu'elle connut tout cela, comme elle ne sçait ni l'Optique ni la Géométrie, elle ne pourroit de la connoissance des projections des objets dans ses yeux, en conclure ni leur figure, ni leur grandeur: leur figure, parce que la projection d'un cercle, par exemple, n'est jamais un cercle, excepté dans un seul cas; leur grandeur, parce qu'elle n'est pas proportionnée à celle des projections, lors qu'ils ne sont pas dans une égale distance. 3°. Suposé qu'elle ſçut parfaitement l'Optique & la Géométrie, elle ne pourroit pas dans le même inſtant qu'elle ouvre les yeux, avoir tiré ce nombre comme infini de conſéquences, toutes néceſſaires pour placer tous ces objets dans leur diſtance, & leur attribuer leurs figures, ſans compter cette variété ſurprenante de couleurs dont on les voit comme couverts ; tout cela aujourd'hui comme hier, ſans erreur ou avec les mêmes erreurs, & convenir en cela avec un grand nombre d'autres perſonnes. 4°. Nous avons ſentiment interieur que toutes nos perceptions des objets ſe font en nous ſans nous, & même malgré nous, lorſque nos yeux ſont ouverts & que nous les regardons. Je ſçai par exemple, que quand le ſoleil touche l'horiſon, il n'eſt pas plus grand que quand il eſt dans nôtre méridien, & même que la projection qui s'en trace ſur mon nerf optique, eſt quelque peu plus petite ; & cependant malgré mes connoiſſances je le vois plus grand. Je croi qu'il eſt au moins un million de fois plus grand que la terre, & je le vois ſans comparaiſon plus petit.

Si je me promène d'Occident en Orient en regardant la lune, je voi qu'elle avance du même côté que moi ; & je sçai cependant qu'elle se va coucher à l'Occident. Je sçai que la hauteur de l'image qui se peint dans mon œil, d'un homme qui est à dix pas de moi, diminuë de la moitié quand il s'est approché à cinq ; & cependant je le voi de la même grandeur : & tout cela indépendamment de la connoissance des raisons sur lesquelles sont reglées les perceptions que nous avons de tous ces objets : car bien des gens, qui apperçoivent les objets mieux que ceux qui sçavent l'Optique, ne les sçavent pas, ces raisons. Il est donc évident que ce n'est point l'ame qui se donne cette varieté de perceptions qu'elle a des objets, dés qu'elle ouvre les yeux au milieu d'une campagne.

Le Chinois. Je l'avoüe, il faut nécessairement que ce soit *le Ly*.

Le Chrétien. Oüi sans doute, si par *le Ly* vous entendez un Etre infiniment puissant, intelligent, agissant toûjours d'une maniere uniforme, en un mot l'Etre infiniment parfait. Remarquez sur-tout deux choses. La premiere, qu'il est nécessaire que la cause de toutes les perceptions que nous avons des objets, doit sçavoir parfaitement la Géométrie & l'Optique, comment les yeux & les membres du corps de tous les hommes sont composez, & les divers changemens qui s'y passent à chaque instant, j'entens du moins ceux sur lesquels il est nécessaire de regler nos perceptions. 2°. Que cette cause raisonne si juste & si promptement, qu'on voit bien qu'elle est infiniment intelligente, qualité que vous refusez au *Ly*, & qu'elle découvre de simple vuë les conséquences les plus éloignées des principes, selon lesquels elle agit sans cesse dans tous les hommes & en un instant.

Pour vous faire concevoir plus distinctement ce que je pense sur cela, je dis que supposé que ce soit moi-même qui me donne la perception de la distance d'un objet, qui seroit seulement à trois ou quatre pieds de moi, il est nécessaire que je sçache la Géométrie, comment mes yeux sont composez, & les changemens qui s'y passent, & que je raisonne ainsi. Par la connoiſſance que j'ai de mes yeux, je ſçai la diſtance qui eſt entre eux. Je ſçai auſſi par leur ſituation, les deux angles que leurs axes qui concourent au même point de l'objet, font avec la diſtance de mes yeux. Voilà donc trois choſes connuës dans un triangle, ſa baſe & deux angles. Donc la perpendiculaire tirée du point de l'objet ſur le milieu de la diſtance qui eſt entre mes yeux, laquelle marque l'éloignement de l'objet qui m'eſt directement oppoſé, peut être connuë par la connoiſſance que j'ai de la Géométrie. Car cette ſcience m'apprend qu'un triangle eſt déterminé, quand un côté eſt donné avec deux angles, & que de-là on en peut déduire ce que je cherche. Mais ſi je me fermois un œil, comme il n'y auroit plus que deux choſes connuës, la diſtance des yeux & un angle, le triangle ſeroit indéterminé, & par conſéquent je ne pourrois plus par ce moyen appercevoir la diſtance de l'objet. Je pourrois la connoître par un autre, mais moins exactement, comme par celui-ci. Par la connoiſſance ſuppoſée que j'ai de ce qui ſe paſſe dans mes yeux, je connois la grandeur de l'image qui se peint dans le fonds de mon œil. Or l'Optique m'apprend que plus les objets sont éloignez, plus leurs images ou leurs projections sont petites. Donc par la grandeur de l'image, je dois juger que l'objet, dont je sçai d'ailleurs à peu prés la grandeur ordinaire, est aussi à peu prés à telle distance. Mais ce moyen n'étant pas si exact, il faut que je me serve de mes deux yeux, pour connoître plus exactement la distance de l'objet. De même lors qu'un homme s'approche de moi, je juge par les moyens précedens ou d'autres semblables, que la distance de lui à moi diminuë : mais comme par la connoissance que j'ai de ce qui se passe dans mes yeux, je sçai que la projection qui s'en trace dans le fond de mes yeux, augmente à proportion qu'il est plus proche ; & que l'Optique m'apprend, que les hauteurs des images des objets sont en raison réciproque de leurs distances, je juge avec raison que je dois me donner de cet homme une perception de grandeur toûjours égale, quoique son image diminuë sans cesse sur mon nerf optique. Quand je regarde un objet & que la projection qui s'en trace dans le fonds de mon œil, y change sans cesse de place, je dois appercevoir que cet objet est en mouvement. Mais si je marche en même tems que je le regarde, comme je sçai aussi la quantité de mouvement que je me donne, quoique l'image de cet objet change de place dans le fonds de mes yeux, je dois le voir immobile; si ce n'est que le mouvement que je sçai que je me donne en marchant, ne soit pas proportionné au changement de place que je sçai qu'occupe sur mon nerf optique l'image de cet objet.

Il est évident que si je ne sçavois pas exactement la grandeur des projections qui se tracent sur le nerf optique, la situation & le mouvement de mon corps, & divinement pour ainsi dire l'Optique & la Géométrie; quand il dépendroit de moi de former en moi les perceptions des objets, je ne pourrois jamais appercevoir la distance, la figure, la situation & le mouvement d'aucun corps. Donc il est nécessaire que la cause de toutes les perceptions que j'ai, lorsque j'ouvre les yeux au milieu d'une campagne, sçache exactement tout cela, puisque toutes nos perceptions ne sont reglées que par-là. Ainsi la regle invariable de nos perceptions, est une Géométrie ou Optique parfaite : & leur cause occasionnelle ou naturelle est uniquement ce qui se passe dans nos yeux, & dans la situation & le mouvement de nôtre corps. Car par exemple, si je suis transporté d'un mouvement si uniforme, comme on l'est quelquefois dans un batteau, que je ne sente point ce mouvement, le rivage me paroîtra se mouvoir. De même si je regarde un objet au travers d'un verre convexe ou concave, qui augmente ou diminuë l'image qui s'en trace dans l'œil, je le verrai toûjours ou plus grand ou plus petit qu'il n'est : & quoique je sçache d'ailleurs la grandeur de cet objet, je n'en aurai jamais de perception sensible, que proportionnée à l'image qui s'en forme dans les yeux. C'est que le Dieu que nous adorons, le Créateur de nos ames & de nos corps, pour unir ensemble ces deux substances, dont l'homme est composé, s'est fait une loi générale de nous donner à chaque instant toutes les perceptions des objets sensibles que nous devrions nous donner à nous mêmes, si sçachant parfaitement la Géométrie & l'Optique, & ce qui se passe dans nos yeux & dans le reste de nôtre corps, nous pouvions outre cela, uniquement en conséquence de cette connoissance, agir en nous-mêmes, & y produire toutes nos sensations par rapport à ces objets. En effet, Dieu nous ayant faits pour nous occuper de lui, & de nos devoirs envers lui, il a voulu nous apprendre sans application de nôtre part, par la voie courte & sûre des sensations, tout ce qui nous est nécessaire pour la conservation de la vie; non seulement la présence & la situation des objets qui nous environnent, mais encore leurs diverses qualitez, soit utiles soit nuisibles.

Faites maintenant une sérieuse attention sur la multitude des sensations que nous avons des objets sensibles, non-seulement par la vûë, mais par les autres sens : sur la promtitude avec laquelle elles se produisent en nous, sur l'exactitude avec laquelle elles nous avertissent, sur les divers degrez de force ou de vivacité de ces sensations, proportionnez à nos besoins, non-seulement en vous & en moi, mais dans tous les hommes, & cela à chaque instant. Considerez enfin les regles invariables & les loix générales de toutes nos perceptions, & admirez profondément l'intelligence & la puissance infinie du Dieu que nous adorons, l'uniformité de sa conduite, sa bonté pour les hommes, son application à leurs besoins à l'égard de la vie présente. Mais que sa bonté paternelle, que nôtre Religion nous apprend qu'il a pour ses enfans, est au-dessus de celle-ci ! Un ouvrier aime sans doute infiniment davantage son enfant, que son ouvrage.

Le Chinois. Il me paroit que vôtre doctrine ressemble fort à celle de nôtre secte, & que *le Ly* & le Dieu que vous honorez, ont entr'eux assez de rapport. Le *peuple* de ce païs est idolâtre : il invoque la pierre & le bois, ou certains Dieux particuliers qu'ils se sont imaginez être en état de les secourir. Je croyois aussi que ce *Seigneur du ciel* que vous nommez vôtre Dieu, étoit de même espece, plus excellent & plus puissant que celui du peuple ; mais toûjours un Dieu imaginaire. Mais je vois bien que vôtre Religion mérite qu'on l'examine sérieusement.

Le Chrétien. Comparez donc sans prévention vôtre doctrine avec la nôtre. Vous y êtes d'autant plus obligé, que vôtre bonheur éternel dépend de cet examen. La Religion que nous suivons n'est point une production de nôtre esprit. Elle nous a été enseignée par cette souveraine vérité que vous appellez *le Ly*, & il l'a confirmée par un grand nombre de miracles, que vous regarderez comme des fables, prévenus comme vous l'êtes de la sublimité de vos connoissances. Je tâche de vous désabuser par des raisonnemens humains. Mais ne croyez pas que nôtre foy en dépende. Elle est appuyée sur l'autorité divine & proportionnée à la capacité de tous les hommes.

Vous dites que *le Ly* est la souveraine vérité. Je le dis aussi : mais voici comme je l'entens. Dieu, l'Etre infiniment parfait, contenant en lui tout ce qu'il y a de realité ou de perfection, comme je vous l'ai déja & prouvé & expliqué, il peut en me touchant par ses réalitez efficaces, car il n'y a rien en Dieu d'impuissant; c'est-à-dire en me touchant par son essence, entant que participable par tous les êtres, me découvrir ou me représenter tous les êtres. Je dis en me touchant, car quoique mon esprit soit capable de penser ou d'appercevoir, il ne peut appercevoir que ce qui le touche ou le modifie: & telle est sa grandeur, qu'il n'y a que son Créateur qui puisse agir immédiatement en lui. C'est dans le vrai *Ly* qu'est la vie des intelligences, la lumiere qui les éclaire. Mais c'est ce que les hommes charnels & grossiers ne comprennent pas. Voilà pourquoi je dis que le vrai *Ly* est la souveraine vérité: c'est qu'il renferme dans son essence, entant qu'imparfaitement imitable en une infinité de manieres, les idées ou les archetypes de tous les êtres, & qu'il nous les découvre, ces idées. Otez les idées, vous ôtez les véritez, car il est évident que les véritez ne sont que les rapports qui sont entre les idées. Dieu est encore la souveraine vérité en ce sens, qu'il ne peut nous tromper, manquer à ses promesses, &c. Mais il n'est pas nécessaire de s'arrêter à ces divers sens selon lesquels on peut dire que Dieu est la souveraine vérité.

Dites-moi maintenant : comment entendez-vous que *le Ly* est la vérité ? Mais faites attention que ce mot, *vérité*, ne signifie que rapport. Car deux & deux sont quatre n'est une vérité, que parce qu'il y a un rapport d'égalité entre 2 & 2 & 4 De même 2 & 2 ne sont pas 5, n'est aussi une vérité, que parce qu'il y a un rapport d'inégalité entre 2 & 2 & 5. Qu'entendez-vous donc par souveraine vérité ou souverain rapport ? quel genre d'être est ce, quelle realité trouvez-vous dans un rapport, ou un souverain rapport ? Si un corps est double d'un autre je conçois qu'il a plus de réalité. Mais ôtez la réalité des corps, vous ôtez leur rapport. Le rapport qui est entre les corps, n'est donc dans le fond que les corps mêmes. Ainsi *le Ly* ne peut être la souveraine vérité, que parce qu'étant infiniment parfait, il renferme dans la simplicité de son essence, les idées de toutes les choses qu'il a creées, & qu'il peut créer.

Vous dites que *le Ly* ne peut subsister que dans la matiere. Est ce que vous pretendez qu'il ne consiste que dans les diverses figures qu'ont les corps qui composent l'univers, & que *le Ly* n'est que l'ordre & l'arrangement qui est entre eux ? Que vôtre *Ly* seroit peu de chose s'il ne consistoit qu'en cela. Et que la matiere elle-même, la derniere & la plus méprisable des substances seroit au-dessus de ce *Ly*, dont vous dites cependant tant de merveilles. Car assurément la substance vaut mieux que ses divers arrangemens, ce qui ne périt point, que ce qui est périssable.

Le Chinois. Par *le Ly* nous n'entendons pas simplement l'arrangement de la matiere, mais cette souveraine sagesse qui range dans un ordre merveilleux les parties de la matiere.

Le Chrétien. En cela vôtre doctrine est semblable à la nôtre. Mais pourquoi soutenez vous que *le Ly* ne subsiste point en lui-même, & qu'il ne peut subsister que dans la matiere :

qu'il n'est point intelligent, & qu'il ne sçait ni ce qu'il est, ni ce qu'il fait? Cela nous fait juger que vous croyez que *le Ly* n'est que la figure & l'arrangement des corps. Car la figure & l'arrangement des corps ne peuvent subsister sans les corps mêmes, & manquent d'intelligence. La rondeur par exemple, d'un corps, n'est assurément que le corps même de telle façon, & elle ne connoît point ce qu'elle est. Quand vous voyez un bel ouvrage, vous dites qu'il y a là bien du *Ly*. Si vous voulez dire par-là que celui qui l'a composé, a été éclairé par *le Ly*, par la souveraine sagesse, vous penserez comme nous. Si vous voulez dire que l'idée qu'a l'ouvrier de son ouvrage, est dans *le Ly*, & que c'est cette idée qui a éclairé l'ouvrier, nous y consentirons. Mais qu'on brise l'ouvrage, l'idée qui éclaire l'ouvrier subsiste toûjours. *Le Ly* ne subsiste donc pas dans l'arrangement des parties dont l'ouvrage est composé, ni par la même raison dans l'arrangement des parties du cerveau de l'ouvrier. *Le Ly* est une lumiere commune à tous les hommes, & tous ces arrangemens

rangemens de matiere ne sont que des modifications particulieres. Ils peuvent périr & changer ces arrangemens : mais *le Ly* est éternel & immuable. Il subsiste donc en lui-même, non-seulement indépendamment de la matiere, mais indépendamment des intelligences les plus sublimes, qui reçoivent de lui l'excellence de leur nature & la sublimité de leurs connoissances. Pourquoi donc rabaissez-vous *le Ly*, la souveraine sagesse, jusqu'à soûtenir qu'elle ne peut subsister sans la matiere. Mais encore un coup, quels étranges paradoxes s'il est vrai que vous les souteniez ! Vôtre *Ly* n'est point intelligent. Il est la souveraine sagesse, & il ne sçait ni ce qu'il est ni ce qu'il fait. Il éclaire tous les hommes, il leur donne la sagesse & l'intelligence, & il n'est pas sage lui même. Il arrange certainement les parties de la matiere pour certaines fins : il place dans l'homme les yeux au haut de la tête, afin qu'il voye de plus loin, mais sans le sçavoir ni même sans le vouloir. Car il n'agit que par une impetuosité aveugle de sa nature bienfaisante. Voilà ce que j'ai oüi dire que vous pensiez de vôtre *Ly*. Est-ce là rendre justice à celui de qui vous tenez tout ce que vous êtes ?

Le Chinois. Nous disons que *le Ly* est la souveraine sagesse & la souveraine justice : mais par respect pour lui, nous n'oserions dire qu'il est sage ni qu'il est juste. Car c'est la sagesse & la justice qui rendent sage & juste: & par conséquent la sagesse vaut mieux que le sage, la justice que le juste. Comment pouvez-vous donc dire de vôtre Dieu, de l'Etre infiniment parfait, qu'il est sage. Car la sagesse qui le rendroit sage seroit plus parfaite que lui, puisqu'il tireroit d'elle sa perfection

Le Chrétien. L'Etre infiniment parfait est sage. Mais il est à lui-même sa sagesse : il est la sagesse même. Il n'est point sage par une sagesse étrangere & chimérique : il est à lui même sa lumiere, & la lumiere qui éclaire toutes les intelligences. Il est juste & la justice essentielle & originale. Il est bon & la bonté même. Il est tout ce qu'il est necessairement & indépendamment de tout autre être, & tout les êtres tiennent de lui tout ce qu'ils ont de réalité & de perfection : car l'Etre infiniment parfait se suffit à lui-même, & tout ce qu'il a fait a sans cesse besoin de lui.

Le Chinois. Quoi, la souveraine sagesse seroit sage elle-même. Il me paroît clair que cela se contredit : car les formes & les qualitez sont différentes des sujets. Une sagesse sage ! comment cela ? c'est la sagesse qui rend sage, mais elle n'est pas sage elle même.

Le Chrétien. Je vois bien que vous vous imaginez qu'il y a des formes & des qualitez abstraites, & qui ne sont les formes & les qualitez d'aucun sujet : qu'il y a une sagesse, une justice, une bonté abstraite, & qui n'est la sagesse d'aucun Etre. Vos abstractions vous trompent: Quoi, pensez-vous qu'il y ait une figure abstraite, une rondeur, par exemple, qui rende ronde une boule, & sans laquelle un corps dont tous les points de la surface seroient également éloignez du centre ne seroit point rond ? Lorsque je rends cette justice au *Ly* de dire de lui, qu'il est indépendant de la matiere, sage, juste, tout-puissant, en un mot infiniment parfait, & que je l'adore en cette qualité; pensez vous qu'en cela je ne sois pas juste, indépendamment de vôtre justice abstraite & imaginaire, si en cela je rends au *Ly* l'honneur qui lui est dû? encore un coup vos abstractions vous trompent. Mais il faut que je vous explique comment je conçois que Dieu est à lui-même sa sagesse; & en quel sens il est la nôtre.

Le Dieu que nous adorons c'est l'Etre infiniment parfait, comme je vous l'ai déja expliqué, & dont je vous ai prouvé l'existence. Or se connoître soi même est une perfection. Donc l'Etre infiniment parfait se connoît parfaitement. Et par consequent il connoît aussi toutes les manieres dont son essence infinie peut être imparfaitement participée, ou imitée par tous les êtres particuliers & finis, soit creez, soit possibles: c'est-à-dire, qu'il voit dans son essence les idées ou les archetypes de tous ces êtres. Or l'Etre infiniment parfait est aussi tout puissant, puisque la toute-puissance est une perfection. Donc il peut vouloir, & par conséquent créer ces êtres. Ainsi Dieu voit dans son essence infinie l'essence de tous les êtres finis, je veux dire l'idée ou l'archetipe de tous ces êtres. Il voit aussi leur existence & toutes leurs manieres d'exister par la connoissance qu'il a de ses propres volontez, puisque ce sont ses volontez qui leur donnent l'Etre. Ainsi l'Etre infiniment parfait est à lui-même sa sagesse; il ne tire ses connoissances que de lui-même. Et s'il connoît la matiere qu'il arrange avec tant d'art par rapport aux fins qu'il se propose, comme il paroît évidemment dans la construction des animaux & des plantes, il ne la connoît que parce qu'il l'a faite. Car si elle étoit éternelle, il n'en auroit pas formé tant d'ouvrages admirables, puisqu'il n'en auroit pas même la connoissance; l'Etre infiniment parfait ne pouvant tirer ses connoissances que de lui-même. Vous voyez donc comment Dieu est sage, & comment il est à lui même sa sagesse.

Dieu est aussi nôtre sagesse & l'auteur de nos connoissances, parce que lui seul agit immédiatement dans nos esprits, & qu'il leur découvre les idées qu'il renferme des êtres qu'il a créez, & qu'il peut créer : c'est-à-dire parce qu'il nous touche l'esprit par sa substance toûjours efficace, non selon tout ce qu'elle est, mais seulement selon qu'elle est représentative de ce que nous voyons. Pour vous rendre sensible ce que je veux dire ; imaginez-vous que le plan de ce mur soit visible immédiatement & par lui même, capable d'agir sur vôtre esprit & de se faire voir à lui. Je vous ai prouvé que cela n'est pas vrai ; car il y a une difference infinie entre les corps qu'on voit immédiatement & directement, je veux dire entre les idées des corps, ou les corps intelligibles, & entre les corps matériels, ceux que l'on regarde en tournant & fixant ses yeux vers eux. Supposons, dis-je, que le plan de ce mur soit capable d'agir sur vôtre esprit & de se faire voir à lui, il est clair qu'il pourroit vous y faire voir toutes sortes de lignes courbes & droites, & toutes sortes de figures, sans que vous visitez le plan. Car si le plan vous touchoit seulement entant que ligne & telle ligne, & que le reste de ce plan ne vous touchât point, & devint parfaitement transparent, vous verriez la ligne sans voir le plan, quoique vous ne vissiez la ligne que dans le plan, & par l'action du plan sur vôtre esprit : parce qu'en éfet ce plan renferme la réalité de toutes sortes de lignes, sans quoi il ne pourrois vous les représenter en lui-même. Ainsi Dieu, l'Etre infiniment parfait, renfermant éminemment en lui-même tout ce qu'il y a de réalité ou de perfection dans tous les Etres, il peut nous les représenter, en nous touchant par son essence, non prise absolument, mais prise entant que rélative à ces êtres, puisque son essence infinie renferme tout ce qu'il y a de réalité véritable dans tous les êtres finis. Ainsi Dieu seul agit immédiatement dans nos ames, lui seul est nôtre vie, nôtre lumiere, nôtre sagesse. Mais il ne nous découvre maintenant en lui que les sciences humaines, & ce qui nous est nécessaire par rapport à la société & à la conservation de la vie présente, tantôt en conséquence de nôtre attention, & tantôt en conséquence des loix générales de l'union de l'ame & du corps. Il s'est reservé de nous instruire de ce qui a rapport à la vie future par son Verbe, qui s'est fait homme, & qui nous a appris la Religion que nous professons. Vous voyez donc qu'on ne rabaisse point la souveraine sagesse, le vrai *Ly*, en soûtenant qu'il est sage; puisqu'il est à lui-même sa sagesse & sa lumiere, & la seule lumiere de nos esprits. Mais si le *Ly* ne se connoissoit pas lui-même, & ne sçavoit ce qu'il fait; s'il n'avoit ni volonté ni liberté; s'il faisoit tout dans le monde par une impétuosité aveugle & nécessaire; quelques excellens que fussent ses ouvrages, je ne voi pas que dans la dépendance où vous le mettez encore de la matiere, il méritât les éloges que vous lui donnez.

Le Chinois. Je vois bien qu'il n'y a pas de contradiction que Dieu soit sage, & aussi la sagesse même de la maniére que vous l'expliquez. Mais nous concevons encore nôtre *Ly* comme l'ordre immuable, la Loy éternelle,

éternelle, la regle & la justice même. Comment accorder encore le *Ly* avec vôtre Dieu ? Comment sera-t-il juste, & en même-temps la justice & la regle ? Nos Docteurs même ne sçavent point si vôtre Dieu existe : mais tout le monde sçait bien qu'il y a une Loy éternelle, une regle immuable, une justice souveraine bien au dessus de vôtre Dieu, s'il est juste, puisqu'il ne peutêtre juste que par elle. Nôtre *Ly* est une Loi souveraine à laquelle vôtre Dieu même est obligé de se soûmettre.

Le Chrétien. Vos abstractions vous séduisent encore. Quel genre d'être, est-ce que cette Loi & cette regle : comment subsiste-t-elle dans la matiére : quel en est le Législateur ? Elle est éternelle dites-vous. Concevez donc que le Législateur est éternel. Elle est nécessaire & immuable dites-vous encore : dites donc aussi que le Législateur est nécessaire, & qu'il ne luy est pas libre ni de former, ni de suivre ou de ne suivre pas cette Loi. Concevez que cette Loy n'est immuable & éternelle, que parce qu'elle est écrite pour ainsi dire en caracteres éternels dans l'ordre immuable des attributs ou des perfections du Législateur, de l'Etre éternel & nécessaire, de l'Etre infiniment parfait. Mais ne dites pas qu'elle subsiste dans la matiere. Je m'explique.

L'Etre infiniment parfait se conoît parfaitement, & il s'aime luy-même invinciblement, & par la nécessité de sa nature. Vous ne sçauriez concevoir autrement l'Etre infiniment parfait. Car sa volonté n'est point comme en nous une impression qui luy vienne d'ailleurs : ce ne peut être que l'amour naturel qu'il se porte à luy-même & à ses divines perfections. Il suit de-là qu'il estime & qu'il aime nécessairement davantage les Etres qui participent davantage à ses perfections. Il estime donc & il aime davantage l'homme par exemple que le cheval ; l'homme vertueux & qui luy ressemble, que l'homme vicieux, qui défigure l'image qu'il porte de la divinité, car nous sçavons que Dieu a crée l'homme à son image & à sa ressemblance. L'ordre éternel, immuable & nécessaire qui est entre les perfections que Dieu renferme dans ſon eſſence infinie, auſquelles participent inégalement tous les Etres, eſt donc la Loi éternelle néceſſaire & immuable. Dieu même eſt obligé de la ſuivre : mais il demeure indépendant : car il n'eſt obligé de la ſuivre que parce qu'il ne peut ni errer ni ſe démentir, avoir honte d'être ce qu'il eſt, ceſſer de s'eſtimer & de s'aimer, ceſſer d'eſtimer & d'aimer toutes choſes à proportion qu'elles participent à ſon eſſence. Rien ne l'oblige à ſuivre cette Loi que l'excellence immuable & infinie de ſon être, excellence qu'il connoît parfaitement & qu'il aime invinciblement. Dieu eſt donc juſte eſſentiellement, & la juſtice même, & la regle invariable de tous les eſprits qui ſe corrompent s'ils ceſſent de ſe conformer à cette regle, c'eſt-à-dire s'ils ceſſent d'eſtimer & d'aimer toutes choſes à proportion qu'elles ſont eſtimables & aimables, à proportion qu'elles participent davantage aux perfections divines.

Comme c'eſt dans l'Etre infiniment parfait, ou pour parler comme vous dans *le Ly*, que nous voyons toutes les véritez, ou tous les rapports, qui ſont entre les idées éternelles & immuables qu'il renferme ; il eſt clair que nous y voyons les rapports de perfection, auſſi-bien que les ſimples rapports de grandeur ; les rapports qui reglent les jugemens de l'eſprit, & en même-tems les mouvemens du cœur, auſſi bien que ceux qui ne reglent que les jugemens de l'eſprit ; en un mot les rapports qui ont force de Loi, auſſi bien que ceux qui ſont purement ſpeculatifs. Ainſi la Loi éternelle eſt en Dieu & Dieu même; puiſque cette Loi ne conſiſte que dans l'ordre éternel & immuable des perfections divines. Et cette Loi eſt notifiée à tous les hommes par l'union naturelle, quoique maintenant fort affoiblie, qu'ils ont avec la ſouveraine raiſon, où en tant que raiſonnables ; & de plus par les ſentimens d'approbation ou de reproche intérieur dont cette même raiſon les conſole lorſqu'ils obéïſſent à cette Loi, ou les déſole lorſqu'ils ne luy obéïſſent pas, ils ſont convaincus qu'elle leur eſt commandée. Mais parce que les hommes ſont devenus trop charnels, groſſiers, eſclaves de leurs paſſions, en un mot incapables de rentrer en eux-mêmes, pour consulter attentivement cette souveraine Loi, & pour la suivre constamment; ils ont tous besoin des lumieres & des secours de NÔTRE SAINTE RELIGION. Car non-seulement elle expose clairement tous nos devoirs, mais elle nous donne encore tous les secours nécessaires pour les pratiquer.

Comparez donc sans prévention vôtre Doctrine sur *le Ly* avec celle que je viens de vous exposer. Vos Docteurs étoient fort éclairez, j'en conviens : mais ils étoient hommes comme vous & comme nous. Et nous sçavons qu'il y a un Dieu, un Etre infiniment parfait, non-seulement par une infinité de preuves que nous croyons démonstratives, mais parce que Dieu luy-même s'est fait connoître aux Auteurs de nos écritures. Mais laissant maintenant à part l'autorité divine de nos livres sacrez, & celle de vos Docteurs, examinez s'il est possible que vôtre *Ly* sans devenir le nôtre, c'est à-dire l'Etre infiniment parfait, puisse être la lumiere- la sagesse, la regle qui éclaire tous les hommes. Pourrions-nous voir en luy tout ce que nous y voyons, s'il n'en contenoit éminemment la réalité ? Est ce qu'on pourroit voir dans un plan, s'il étoit visible par luy même, des solides qui n'y sont point ? N'est-il pas évident que ce qu'on voit immédiatement & directement n'est pas rien, & que voir rien & ne point voir c'est la même chose? Comment trouveriez-vous dans vôtre *Ly* ces espaces infinis, j'entens ceux que vôtre esprit apperçoit immédiatement, & qu'il sçait n'avoir point de bornes : car je ne parle pas de ces espaces materiels qu'on ne voit point en eux-mêmes, & par conséquent qu'on pourroit voir ou plûtôt croire qu'on les voit, sans qu'ils fussent ; & ausquels cependant vous attribuez une existence éternelle qui ne convient certainement qu'à leur idée. Car l'idée de ces espaces où les espaces qui sont l'objet immédiat & direct de vôtre esprit, sont nécessaires & éternels ; puisque ce n'est que l'essence de l'Etre infiniment parfait en tant que représentative de ces espaces. Dites donc comme nous, que le vrai *Ly* qui nous éclaire immédiatement, & en qui nous découvrons tous les objets de nos connoissances, est infiniment parfait, & contient éminemment dans la simplicité parfaite de son essence, tout ce qu'il y a de vraie réalité dans tous les Etres finis.

Rendez justice au vrai *Ly*, en avoüant de bonne foy qu'il est essentiellement juste ; puisqu'aimant nécessairement son essence, il aime aussi toutes choses à proportion qu'elles sont plus parfaites, puisqu'elles ne sont plus parfaites, que parce qu'elles y participent davantage. Dites aussi qu'il est la justice même, la Loi éternelle, la regle invariable, puisque cette Loi éternelle n'est que l'ordre immuable des perfections qu'il renferme dans l'infinité & la simplicité de son essence : ordre qui est la Loi de Dieu même, & la regle de sa volonté & celle de toutes les volontez creées. Mais défiez-vous de vos abstractions, vaines subtilitez de vos Docteurs. Il n'y a point de ces formes ou de ces qualitez abstraites. Toutes les qualitez ne sont que des manieres d'Etre de quelque substances. Si nous aimons Dieu sur toutes choses, & nôtre prochain comme nous-mêmes, en cela nous serons justes, sans être, si cela se peut dire, informez d'une forme abstraite de justice qui ne subsiste nulle part.

Vous croyez que c'est *le Ly* qui arrange la matiere dans ce bel ordre que nous remarquons dans l'univers : Que c'est luy qui donne aux animaux & aux plantes tout ce qui est nécessaire pour leur conservation & la propagation de leur espece. Il est donc clair qu'il agit par rapport à certaines fins. Cependant vous soûtenez qu'il n'est pas sage & intelligent, & qu'il fait tout cela par une impétuosité aveugle de sa nature bienfaisante. Quelle preuve avez-vous d'un si étrange paradoxe ?

Le Chinois. La voici. C'est que si *le Ly* étoit intelligent comme vous le pensez, étant bien faisant par sa nature, il n'y auroit point de monstres ni aucun désordre dans l'univers. Pourquoi *le Ly* feroit-il naitre aveugle un enfant avec deux yeux ? Pourquoi feroit-il croitre les bleds pour les ravager ensuite par les orages. Est-ce qu'un Etre infiniment sage & intelligent peut changer à tout moment de dessein, faire & aussi-tôt défaire ce qu'il a fait. L'univers est rempli de contradictions manifestes : marque certaine que *le Ly* qui le gouverne n'est ni sage ni intelligent.

Le Chrétien. Quoi celuy qui nous a donné des yeux & les a placé au haut de la tête, n'a pas eu dessein que nous nous en servissions pour voir, & pour voir de plus loin ? Celuy qui a donné des aisles aux oiseaux n'a ni sçû ni voulu qu'ils pussent voler dans l'air ? Que ne dites-vous plûtôt touchant les désordres de l'univers, que vôtre esprit étant fini vous ne connoissez pas les diverses fins ou les divers desseins du *Ly*, dont la sagesse est infinie. De ce que l'univers est rempli d'éfets qui se contredisent, vous en concluez que *le Ly* n'est pas sage : & moy j'en conclus démonstrativement tout le contraire. Voicy comment.

Le Ly ou plûtôt l'Etre infiniment parfait que j'adore, doit toûjours agir selon ce qu'il est, d'une maniere conforme à ses attributs & qui en porte le caractere. Car prenez y garde il n'a point & ne peut avoir d'autre Loi ou d'autres regle de sa conduite, que l'ordre immuable de ses propres attributs. C'est nécessairement dans cet ordre qu'il trouve le motif ou la regle qui le détermine plûtôt à agir d'une façon que d'une autre : car il ne se détermine que par sa volonté, & sa volonté n'est que l'amour qu'il se porte à luy-même & à ses divines perfections. Ce n'est point une impression qui luy vienne d'ailleurs & qui le porte ailleurs ; ce que je vous dis est nécessairement renfermé dans l'idée de l'Etre infiniment parfait. Or se former des Loix générales des communications des mouvemens, des Loix générales de l'union de l'ame & du corps, & d'autres semblables, aprés en avoir prévû toutes les suites, porte certainement le caractere d'une sagesse & d'une préscience infinie : & au contraire agir à tous momens par des volontez particulieres marque une sagesse & une prévoyance bornée, telle qu'est la nôtre. De plus agir par des Loix générales porte le caractere d'une cause générale, l'uniformité dans la conduite exprime l'immutabilité de la cause. Cela est évident & résout vos difficultez. *Le Ly* dites-vous ravage les moissons qu'il a fait croître : donc il n'est pas sage. Il fait & défait sans cesse, il se contredit : donc il change de dessein ou plûtôt il agit par une impétuosité aveugle & naturelle. Vous vous trompez. Car au contraire, c'est à cause que le vrai *Ly* suit toûjours les Loix trés-simples des communications des mouvemens, que les orages se forment & qu'ils ravagent les moissons, que les pluyes produites aussi par les mêmes Loix, avoient fait croître. Car tout ce qui arrive naturellement dans la matiere n'est qu'une suite de ces Loix. C'est une même conduite qui produit des effets si differens. C'est parce que Dieu ne change point sa maniere d'agir qu'il suit toûjours les mêmes Loix, qu'on remarque dans l'univers tant d'effets qui se contredisent. C'est à cause de la simplicité de ces Loix que les fruits sont ravagez ; mais la fécondité de ces mêmes Loix est telle ; qu'elles réparent bien-tôt le mal qu'elles ont fait. Elles sont telles en un mot ces Loix, que leur simplicité & leur fécondité jointes ensemble, portent davantage le caractere des attributs divins, que toute autre Loi plus féconde mais moins simple, ou plus simple mais moins féconde. Car Dieu ne s'honore pas seulement par l'excellence de son ouvrage, mais encore par la simplicité de ses voyes, par la sagesse & l'uniformité de sa conduite.

Dieu a établi les Loix générales de l'union de l'ame & du corps ; en conséquence desquelles selon les diverses impressions qui se font dans le cerveau, nous devons être avertis de la présence des objets, ou de ce qui arrive à nôtre corps. Dans le cerveau d'un homme qui a perdu un bras, il se fait la même impression que lorsqu'il avoit la goute au petit doigt. Il se fait de même dans le cerveau d'un homme qui dort, la même impression qu'y faisoit autrefois son pere mort depuis peu. D'où vient que celui-ci est averti de la présence de son pere, & que l'autre souffre encore les douleurs de la goutte dans un doigt qu'il n'a plus ? C'est que Dieu ne veut pas composer ses voyes, ni troubler l'uniformité & la généralité de sa conduite, pour remedier à de légers inconveniens.

En conséquence des mêmes loix, dés qu'un homme veut remuer le bras, il se remuë, sans que l'homme sçache seulement ce qu'il faudroit faire pour le remuer. On voit bien que la fin de cette Loi est nécessaire à la conservation de la vie & de la société : mais d'où-vient qu'il n'y a point d'exception, & que Dieu qui commande l'aumône & défend l'homicide, concourt également à celuy qui étend la main pour secourir son prochain, & à celuy qui tuë son ennemi. C'est assurément que Dieu ne veut pas ôter à ses voyes leur simplicité & leur généralité, & qu'il réserve au jour de ses vengeances à punir l'abus criminel que les hommes font de la puissance qu'il leur communique par l'établissement de ses loix,

Ne vous imaginez pas que le monde soit le plus excellent ouvrage que Dieu puisse faire, mais que c'est le plus excellent que Dieu puisse faire par des voyes aussi simples & aussi sages que celles dont il se sert. Comparez si vous le pouvez l'ouvrage avec les voyes, l'ouvrage entier & dans tous les tems avec toutes leurs voyes; car c'est le composé de l'ouvrage entier joint aux voyes qui porte le plus le caractere des attributs divins, que Dieu a choisi. Car il ne s'est déterminé à tel ouvrage que par sa volonté, que suivant son motif & sa Loi; mais sa volonté n'est que l'amour qu'il se porte à luy-même, & son motif & sa Loi n'est que l'ordre immuable & nécessaire qui est entre ses divines perfections. Comme l'Etre infiniment parfait se suffit à luy-même, il lui est libre de ne rien faire. Mais il ne lui est pas libre de choisir mal, je veux dire de choisir un dessein qui ne soit pas infiniment sage, & par là de démentir ce qu'il est véritablement.

N'humanisez donc pas la divinité, ne jugez jamais par vous-mêmes de l'Etre infiniment parfait. Un homme qui bâtit une maiſon & qui peu de jours aprés la jette par terre, marque trés-probablement par le changement de ſa conduite, ſon inconſtance ſon repentir, ſon peu de prévoyance ; parce qu'il n'agit que par des volontez, ou avec des deſſeins particuliers & bornez. Mais la cauſe univerſelle agit & doit agir ſans ceſſe par des volontez générales, & ſuivre exactement les loix ſages qu'elle s'eſt preſcrites aprés en avoir prévû toutes les ſuites, Aprés dis-je en avoir prévû, & voulu poſitivement & directement tous les effets qui rendent ſon ouvrage plus parfait, car c'eſt à cauſe de ces bons effets qu'il a établi ces loix : mais prévû & ſeulement permis les mauvais, c'eſt à-dire indirectement voulu qu'ils arrivaſſent. Car il ne les veut point directement ces mauvais effets : il ne les veut que parce qu'il veut directement agir ſelon ce qu'il eſt, & conſerver dans ſa conduite la généralité & l'uniformité qui luy convient, afin qu'elle ſoit conforme à ſes attributs. Ce n'eſt pas cependant que lorſque l'ordre de ces mêmes attributs demande ou permet qu'il agiſſe par des volontez particulieres, il ne le fasse; comme il est arrivé dans l'établissement de nôtre sainte Religion, car nous sçavons qu'elle a été confirmée par plusieurs miracles.

Le principe général de tout cecy c'est que les causes agissent selon ce qu'elles sont. Ainsi pour sçavoir comment elles agissent au lieu de se consulter soi-même, il faut consulter l'idée qu'on a de ces causes. Vôtre Empereur est de même nature que vous; cependant ne vous imaginez pas qu'il doive agir comme vous agiriez vous-mêmes dans pareille occasion. Car s'il se glorifioit plus de sa dignité que de sa nature, il pourroit prendre des desseins ausquels vous ne penseriez jamais. Consultez donc l'idée de l'Etre infiniment parfait si vous voulez connoître quelque chose dans sa conduite.

Mais ne voyez vous pas d'ailleurs qu'il est absolument nécessaire pour la conservation du genre humain & l'établissement des societez, que le vrai *Ly* agisse sans cesse en nous en conséquence des loix générales de l'union de l'ame & du corps, dont les causes

causes naturelles ou occasionelles sont les divers changemens qui arrivent dans les deux substances dont les hommes sont composez. Supposé seulement que Dieu ne nous donne pas toûjours les mêmes perceptions, lorsque dans nos yeux ou dans nôtre cerveau il y a les mêmes impressions; cela seul détruiroit toutes les societez. Un pere méconnoîtroit son enfant, & un ami son ami. On prendroit une pierre pour du pain, & généralement tout sera dans une confusion effroyable. Otez la généralité des loix naturelles tout retombe dans un cahos où l'on ne connoît plus rien : car les volontez particulieres du vrai *Ly* qui gouverne le monde nous sont entierement inconnuës. On croiroit peut-être par exemple qu'en se jettant par la fenêtre on descendroit aussi sûrement de sa maison que par l'escalier, ou qu'en se confiant en Dieu dont la nature est bien-faisante, on marcheroit sur les eaux sans se submerger. Ne jugez donc pas que *le Ly* agisse pat une impétuosité aveugle à cause des maux qui vous arrivent. Il laisse à vôtre industrie éclairée par la connoissance des loix générales à vous garentir de ceux de la vie présente ; & il nous envoye pour vous apprendre ce qui est nécessaire pour éviter ceux de la vie future, qui sont certainement bien plus à craindre. Il est infiniment bon, il est naturellement bien-faisant : il fait même à ses créatures, je ne crains point de le dire, tout le bien qu'il peut leur faire, mais en agissant comme il doit agir, prenez garde à cette condition, en agissant selon l'ordre immuable de ses attributs : car Dieu aime infiniment plus sa sagesse que son ouvrage. Le bonheur de l'homme n'est pas la fin de Dieu, j'entends sa fin principale, sa derniere fin. Dieu est à lui-même sa fin : sa derniere fin c'est sa gloire ; & lorsqu'il agit, c'est d'agir selon ce qu'il est, toûjours d'une maniere qui porte le caractere de ses attributs, car il n'a point d'autre Loi, ou d'autre regle de sa conduite.

Le Chinois. Je vous avouë qu'il est nécessaire que *le Ly* sache ce qu'il fait, & même qu'il le veüille ; & je suis assez content de la réponse que vous venez de rendre à l'objection que je vous ai faite. Mais vous supposez toûjours que la matiere a été creée de rien, ce que je ne croi pas véritable pour deux raisons. La premiere, c'est qu'il y a contradiction que de rien on puisse faire quelque chose La deuxiéme, c'est que je puis assirmer d'une chose, ce que je connois être renfermé dans l'idée que j'en ai. Par exemple je puis assurer qu'un quarré peut-être divisé en deux triangles égaux & semblables, parce que je le conçois clairement, ainsi je puis assurer que l'étenduë est éternelle puisque je la conçois éternelle.

Le Chrétien. Je réponds à vôtre premiere objection, qu'il est vrai que Dieu même ne peut pas de rien faire quelque chose en ce sens, que le rien soit la baze ou le sujet de l'ouvrage, ou que l'ouvrage soit formé ou composé de rien : car il y auroit une contradiction manifeste. L'ouvrage seroit & ne seroit pas en même-tems, ce qui seul fait la contradiction. Mais que l'Etre infiniment parfait & par conséquent tout puissant, car la toute-puissance est renfermée dans l'idée de l'Etre infiniment parfait, veüille & produise par conséquent les Etres dont les idées ou les modeles sont renfermées dans son essence qu'il connoît parfaitement ; il n'y a en cela nulle contradiction : car le néant & l'Etre peuvent se succeder l'un à l'autre. Dieu voit en lui-même l'idée de l'étenduë : il peut donc vouloir en produire. S'il le veut, & que cependant elle ne soit pas produite, il n'est pas tout-puissant, ny par conséquent infiniment parfait. Niez donc l'existence d'un Etre infiniment parfait, ou avoüez qu'il a pû créer la matiere, & même que lui seul l'a creée, puisqu'il la meut, & l'arrange dans l'ordre que nous admirons. Car étant infiniment parfait, indépendant, ne tirant ses connoissances que de lui-même, & sçachant même de toute éternité tout ce qu'il sçait devoir arriver, s'il n'avoit pas fait la matiere, il ne sçauroit pas seulement les changemens qui lui arrivent, ny même si elle existe.

Le Chinois. Je vous avouë que je

ne comprens pas le moindre rapport entre la volonté de vôtre Dieu, & l'existence d'un fêtu.

Le Chrétien. Hé bien qu'en voulez vous conclure, que l'Etre infiniment parfait ne peut pas créer un fêtu ? Niez donc qu'il y ait un être infiniment parfait : ou plûtôt avoüez qu'il y a bien des choses que ny vous ny moy ne pouvons comprendre. Mais de bonne-foi concevez-vous clairement quelque rapport entre l'action de vôtre *Ly* quelle qu'elle puisse être, ou entre sa volonté, (si maintenant vous convenez qu'il ne fait rien sans le sçavoir & le vouloir faire,) & le mouvement d'un fêtu. Pour moi je vous avouë aussi mon ignorance : je ne voi nul rapport entre une volonté & le mouvement d'un corps. Le vrai *Ly* m'a formé deux yeux d'une structure merveilleuse, & proportionnée à l'action de la lumiere. Dés que je les ouvre, j'ai malgré moi diverses perceptions de divers objets, chacun d'une certaine grandeur couleur, figure & le reste. Qui fait tout cela en moi & dans tous les hommes? C'est un être infiniment intelligent & tout-puissant. Il le fait parce qu'il le veut. Mais quel rapport entre la volonté de *l'Etre* souverain & le moindre de ces effets ? Je ne le voi pas clairement ce rapport : mais je le conclus de l'idée que j'ai de cet être. Je sçai que les volontez d'un être tout-puissant doivent nécessairement être èficaces, jusqu'à faire tout ce qui ne renferme point de contradiction. Quand je verrai Dieu tel qu'il est, ce que ma religion me fait esperer, je comprendraî clairement en quoi consiste l'efficace de ses volontez. Ce que je conçois maintenant, c'est qu'il y a contradiction que vôtre *Ly* puisse mouvoir un fêtu par son éficace propre si l'existence de ce fêtu n'est l'effet de la volonté du vrai *Ly*. Car si Dieu veut & crée par conséquent ou conserve ce fêtu en tel lieu, & il ne peut le créer qu'il ne le crée dans quelque endroit, il sera où il le veut & jamais autre part. c'est qu'il n'y a que celui dont la volonté toûjours éfficace donne l'existence aux corps qui les puisse mouvoir, ou les faire exister successivement en différens lieux.

Le Chinois. Cela est fort bien. Mais que répondez-vous à ma seconde preuve de l'éternité de l'étenduë : n'est-elle pas démonstrative? Ne peut-on pas affirmer ce qu'on conçoit clairement ? Or quand nous pensons à l'étenduë, nous la concevons éternelle, nécessaire, infinie. Donc l'étenduë n'est point faite : elle est éternelle, nécessaire, infinie.

Le Chrétien. Oüi sans doute, l'étenduë, celle que vous appercevez immédiatement & directement, l'étenduë intelligible est éternelle, nécessaire, infinie. Car c'est l'idée ou l'archetipe de l'étenduë créée, que nous appercevons immédiatement : & cette idée est l'essence éternelle de Dieu même, entant que rélative à l'étenduë matérielle, ou entant que représentative de l'étenduë dont cet univers est composé. Cette idée n'est point faite, elle est éternelle. Mais l'étenduë dont il est question, celle dont cette idée est le modele, est créée dans le tems par la volonté du Tout-puissant. Est-ce que vous confondez encore les idées des corps avec les corps mêmes. De l'existence de l'idée qu'on apperçoit d'un Palais magnifique, en peut-on conclure l'existence de ce Palais ?

Cette proposition est véritable : on peut affirmer d'une chose, ce que l'on conçoit clairement être renfermé dans l'idée de cette chose. La raison en est que les êtres sont nécessairement conformes aux idées de celui qui les a faits, & que l'on voit dans l'essence de celui qui les a créez, les mêmes idées sur lesquelles il les a créez. Car si nous les voyions ailleurs, ces idées, si nous les voyions par exemple chacun de nous dans les modifications de nôtre propre substance ; comme Dieu n'a pas fait le monde sur mes idées, mais sur les siennes, je ne pourrois pas affirmer d'aucun être ce que je verrois clairement être renfermé dans l'idée que j'en aurois. Mais de l'idée qu'on a des êtres, on ne peut conclure l'existence actuelle de ces êtres. De l'idée éternelle, nécessaire, infinie de l'étenduë, on ne peut en conclure qu'il y a une autre étenduë nécessaire, éternelle, infinie, on n'en peut pas même conclure qu'il y ait aucun corps.

L'Etre

L'Etre infiniment parfait voit dans son Essence une infinité de mondes possibles de différens genres, dont nous n'avons nulle idée, parce que nous ne connoissons pas toutes les manieres dont son essence peut être participée ou imparfaitement imitée; en peut-on conclure que tous les modéles de ces mondes sont executez? Il est donc évident que de l'éxistence nécessaire des idées, on n'en peut point conclure l'éxistence nécessaire des êtres, dont ces idées sont les modéles : on peut seulement dans les idées des êtres en découvrir les proprietez ; parce que ces êtres ont été faits par celui-là même en qui nous voyons leurs idées.

APPROBATION.

J'Ay lû par l'ordre de Monseigneur le Chancelier, un manuscrit intitulé, *Entretien d'un Philosophe Chrétien, & d'un Philosophe Chinois.* Fait à Paris ce 7. Janvier 1708.

PASTEL.

l'Etre infiniment parfait voit dans son Esprit une infinité de mondes possibles de differens genres, dont nous n'avons nulle idée, parce que nous ne connoissons pas toutes les manieres dont son essence peut être participée ou imparfaitement imitées; en peut-on conclure que tous les modeles de ces mondes sont existants? Il est donc évident que de l'existence necessaire des idées, on n'en peut point conclure l'existence nécessaire des êtres, dont ces idées sont les modeles: on peut seulement dans les idées des êtres en découvrir les proprietez; parce que ces êtres ont été faits sur celui-là même en qui nous voyons leurs idées.

APPROBATION.

J'Ay lû par l'ordre de Monseigneur le Chancelier, un manuscrit intitulé, *Entretien d'un Philosophe Chrétien, & d'un Philosophe Chinois*. Fait à Paris ce 7. Janvier 1708.

PASTEL.

PRIVILEGE DU ROY.

LOUIS par la grace de Dieu Roy de France & de Navarre : A nos amez & feaux Conseillers les Gens tenans nos Cours de Parlement, Maîtres des Requêtes ordinaires de nôtre Hôtel, Grand Conseil, Prevôt de Paris, Baillifs, Sénéchaux, leurs Lieutenans Civils, & autres nos Justiciers qu'il appartiendra : Salut. MICHEL DAVID, Libraire à Paris, Nous ayant fait remontrer qu'il desireroit faire imprimer un Livre intitulé : *Entretien d'un Philosophe Chrétien & d'un Philosophe Chinois*, s'il Nous plaisoit luy accorder nos Lettres de Privilege pour la Ville de Paris seulement. Nous avons permis & permettons par ces Présentes audit David, de faire imprimer ledit Livre en telle forme, marge, caractere, & autant de fois que bon luy semblera, & de le vendre, faire vendre par tout nôtre Royaume pendant le temps de trois années consecutives, à compter du jour de la datte desdites Présentes ; faisons défenses à toutes personnes de quelque qualité & condition qu'elles soient, d'en introduire d'impression étrangere dans aucun lieu de nôtre obéïssance, & à tous Imprimeurs, Libraires & autres dans ladite Ville de Paris seulement, d'imprimer ou faire imprimer ledit Livre, en tout ny en partie, & d'y en faire venir, vendre & debiter d'autre impression que de celle qui aura été faite pour ledit Exposant, sous peine de confiscation des Exemplaires contrefaits, de mille livres d'amende contre chacun des contrevenans, dont un tiers à Nous, un tiers à l'Hôtel-Dieu de Paris, l'autre tiers audit Exposant, & de tous dépens dommages & interêts ; à la charge que ces Présentes seront enregistrées tout au long sur le Registre de la Communauté des Imprimeurs & Libraires de Paris, & ce dans trois mois de la datte d'icelles, que l'impression dudit Livre sera faite dans nôtre Royaume & non ailleurs, en bon papier & en beaux caracteres, conformement aux Reglemens de la Librairie, & qu'avantque de l'exposer en vente, il en sera mis deux Exemplaires dans nôtre Bibliotheque publique, un dans celle de nôtre Château du Louvre, & un dans celle de nôtre tres-cher & feal Chevalier Chancelier de France le Sieur PHELYPEAUX, Comte de Pontchartrain, Commandeur de nos Ordres, le tout à peine de nullité des Presentes, du contenu desquelles vous mandons & enjoignons de faire joüir l'Exposant ou ses ayant causes, pleinement & paisiblement, sans souffrir qu'il leur soit fait aucun trouble ou empêchemens; Voulons que la copie desdites Presentes qui sera imprimée au commencement ou à la fin dudit Livre, soit tenuë pour dûëment signifiée, & qu'aux copies collationnées par l'un de nos amez feaux Conseillers & Secretaires, foy soit ajoûtée comme à l'Original. Commandons au premier nôtre Huissier ou Sergent, de faire pour l'execution d'icelles, tous Actes requis & necessaires, sans autre permission, & nonobstant Clameur de Haro, Charte Normande & Lettres à ce contraires : CAR tel est nostre plaisir. DONNE' à Versailles le quatorziéme jour de Février, l'an de grace mil sept cens huit, & de nôtre Regne le soixante-cinquiéme. Par le Roy en son Conseil. *Signé*, LE COMTE.

Registré sur le Registre N° 2. de la Communauté des Imprimeurs & Libraires de Paris, pag. 312. N° 593. conformement au Reglement, & notamment à l'Arrêt du Conseil du 13. Aoust 1703. A Paris ce 22. Février 1708, Signé, L. SEVESTRE, *Sindic.*

www.ingramcontent.com/pod-product-compliance
Ingram Content Group UK Ltd.
Pitfield, Milton Keynes, MK11 3LW, UK
UKHW022102170726
13837UKWH00003B/1044

9 782329 217215